Erik v. Grawert-May

UNKORREKTE LIEBE

Ein politischer Schwank
in Versen

Korrekte Liebe ist sicher schön. Aber ist sie auch so richtig schön? Oder wird sie nicht um so leidenschaftlicher, je mehr sie von der Korrektheit abweicht? Ins Politische übersetzt, hieße das: Je erotischer es zwischen den Extremen zugeht, desto besser für uns alle, weil die Mitte wie von selbst gestärkt wird. Sie wird gleichsam von Amor gesteuert. Les extrêmes se touchent.

Erik v. Grawert-May
Unternehmensästhet aus der Lausitz, lebt in Berlin
www.grawert-may.de

Umschlagseite vorne:
›Venus und Cupido‹ von Alessandro Allori (1535–1607)

Umschlagseite hinten:
›Venus küsst Amor‹ von Agnolo Bronzino (1503–1572)

Layout: Cornelia Agel
Herstellung und Verlag:
BoD- Books on Demand, Norderstedt 2019
ISBN 978-3-750429-32-1

PROLOG AUF DER ERDE

Ehe das Stück die durchgängige Versform erhielt, hatte es einige Stürme zu bestehen. Zunächst war nur die Rahmenhandlung mit Versen versehen. In ihr besprachen Venus und Amor auf dem Olymp die Dramaturgie, nach der sich die irdische Personnage des Schwanks zu richten hatte. Die aber kam nicht, wie jetzt, gewollt poetisch, sondern ganz prosaisch daher – schon, um sich vom göttlichen Personal zu unterscheiden.

Die Prosafassung legte ich nacheinander drei befreundeten Frauen vor, die sie nacheinander verrissen. Die erste fand die Fassung politisch anrüchig, der zweiten war es, wenn ich es recht verstehe, zu chauvinistisch, und die dritte befand, das Stück sei, ob politisch oder nicht, einfach unter aller Kritik. Es war nichts zu machen, ich musste die Prosafassung begraben.

Zwei meiner Kritikerinnen meinten jedoch unabhängig voneinander, die olympische Rahmenhandlung gefiele ihnen sehr. Ihr Urteil kam für mich überraschend. Ich hatte genau das Gegenteil erwartet. Wer erträgt heute schon Verse in einem Liebesschwank, der noch dazu ein politisch heikles Thema aufgreift. Doch da ich an dem Stück so hing und es nicht aufgeben wollte, musste ich wohl oder übel alles in Verse setzen, nicht nur die Rahmenhandlung. Das tat ich denn auch, allerdings erst nach einer längeren Periode der Trauer über die von meinen Kritikerinnen in Grund und Boden geredete Prosa-Fassung.

Dadurch entstand ein zuvor nicht aufgetauchtes dramaturgisches Problem. Wenn alle Personen sich, wie auf dem Olymp, in Versen ergehen, fällt der Unterschied zwischen göttlicher und irdischer Sphäre weg, und alles endet im Einerlei. So bot sich die Idee, Venus und Amor Gesangsrollen zu geben, von selber an. Sie singen nicht nach einer vorgefertigten Partitur, sondern frei heraus, ad libitum. Mutter und Sohn dürfen improvisieren;

Mars auch. Möglich wäre etwa, sie alle drei durch eine Terz oder ein größeres Intervall voneinander abzuheben: Mars als Bass, die Mutter als Mezzosopran, den Sohn als Sopran. Er mimt ja kein ›Kid‹ der Jetztzeit, das das reformierte Sexualprogramm an Schulen abarbeitet und infolge der dadurch forcierten Sexualisierung gleich dem Stimmbruch zu verfallen droht. Er ähnelt vielmehr der aus der Zeit gefallenen Figur eines Knaben. Erst am Ende des Stücks wird er notdürftig von seiner Mutter aufgeklärt.

So mag Alessandro Alloris *Venus und Cupido* auf der Titelseite annähernd dem Verhältnis der beiden Figuren im Stück entsprechen, während Agnolo Bronzinos *Venus küsst Amor* sie nach dem Stück zeigen würde, eine Art *Triumph der Liebe*: Amor, inzwischen aufgeklärt, ist endgültig dem Knabenalter entwachsen.

Auch die durchgehende Versfassung*) bewahrte mich nicht vor harscher Kritik. Als ich die ersten beiden Akte im Berliner Literaturhaus vortrug, senkte jemand den Daumen: Der Schwank sei politisch untragbar – wieder war es eine befreundete Person. Woran im Kleinen zu erkennen ist, was im Großen die ganze Gesellschaft erschüttert: Der Riss geht durch Freundschaften und Familien hindurch.

Das Gros des anwesenden Publikums schien dagegen von den vorgetragenen Akten leidlich angetan. Einige fanden sich sogar spontan bereit, sie in einer Küche aufzuführen: Da sitzen die sieben Personen rund um einen Tisch. Sie lesen ihre Rollen und haben, um sie zu genießen, ein Glas Wein vor sich stehen.

Eine Küche ist der rechte Aufführungsort, da es sich in dem Stück nicht um die hohe Kunst der Verse, sondern um reine Gebrauchspoesie handelt. Ich lasse das Ganze als 3. Band der Memoiren Martin Mosebachs erscheinen, jenes Frankfurter Schriftstellers, als dessen Doppelgänger ich nach wie vor gerne agiere. Möge der Titel *Himmlischer Glanz*, den ich immer auch zugleich seinem Werk entnehme, dazu beitragen, die Gemüter nicht weiter zu erhitzen. Sie zu besänftigen, wäre für mich eine große Genugtuung.

---

*) Leseempfehlung: *Ali-ce* = dreisilbig, *Alíce* = zweisilbig

PERSONEN

AMOR   *Gott der Liebe, Sohn der Venus*

VENUS   *Göttin der Schönheit, Mutter des Amor*

MARS   *Gott des Krieges, Mann der Venus*

ALICE   *Politikerin der Rechten*

CHRISTÍN   *Frau von Alice*

RALF   *Politiker der Linken*

Lisa   *Frau von Ralf*

            Abgeordnete des Bundestags

AKTE

I. AKT

Auf dem Olymp
Venus, Amor und Mars

VENUS
auf ihrem Thron, ruft nach Amor

Söhnchen, komm, du kleiner Bengel
Komm zu Muttern, kleiner Engel

AMOR
mit einer Binde um die Augen

Mutter, ich bin kein Söhnchen mehr
Bin schon gereift, ich bitte sehr

VENUS
Du schon gereift, dass ich nicht lache
Doch das tut eh jetzt nichts zur Sache

AMOR
schmollt

VENUS
Nun schmolle nicht, gereifter Knabe
Und lass dein kindliches Gehabe

AMOR
hört auf zu schmollen

Was will denn die Mammá von mir

VENUS
Ich will nur einen Dienst von dir

AMOR
Den leiste ich dir doch seit Jahren

VENUS
Das stimmt, du bist darin erfahren
Ich will dir deshalb offenbaren
Wozu du sicher fähig bist
Obwohl es ganz schön knifflig ist

AMOR
Was ist es, sag es rundheraus

VENUS
Hoffentlich macht es dir nichts aus
Ich will dich diesmal ohne Binde

AMOR
Du weißt genau, wie ich das finde

VENUS
Ich weiß es, ja: Amor, der blinde
Doch diesmal musst du richtig zielen
Du darfst nicht blind sein und nicht schielen

AMOR
Die Binde ab, das kann nicht gehen
Ich würde ja auf einmal sehen
Das bin ich wirklich nicht gewohnt
Ich brauch was, das die Augen schont

VENUS
Pappalapap, das geht vorbei
Ob mit, ob ohne, einerlei

versucht, dem widerstrebenden Amor
die Binde abzunehmen

AMOR
wehrt sich erfolgreich

VENUS
Also, lass jetzt diese Farc(e)
Wehrst du dich weiter, ruf ich Mars
Der versohlt dir dann den Ars
So wie damals, ohne Gnade

AMOR
Der Schmerz ging mir bis in die Wade
fasst sich ans Bein

MARS
erscheint plötzlich neben dem Thron,
mit einer Keule in der Hand

Wenn du nicht spurst, bist du verloren
Dann gibt's erneut was auf die Ohren

AMOR
Ich bin ganz ehrlich und gesteh
Mir tut noch heute alles weh

VENUS
Dann füge dich gefälligst jetzt
Damit's nicht wieder Prügel setzt

MARS
Ich rate dir, nimm dich in Acht
Sonst kriegst du gleich die nächste Tracht

AMOR
lässt sich die Binde von Venus
ohne weitere Gegenwehr abnehmen

O wie blendet mich das Licht
Ohne Binde seh ich nicht

VENUS
Sei ruhig und hör auf zu stöhnen
Du wirst dich schon daran gewöhnen
überlegt

Hör mir zu, mein Plan geht so
Des Lebens werd ich nicht mehr froh
Wenn Ralf nicht die Ali-ce kriegt

AMOR
Wieso

VENUS
          Weil's mir am Herzen liegt
Ralf steht politisch links der Mitte
Das ist in diesem Land so Sitte

AMOR
Ich weiß nicht, ob ich's richtig seh
Ist der nicht bei der Es Pe De

VENUS
Ja, ja, genau, du siehst es richtig
In der Partei tut er ganz wichtig
Will gern erneut im Vorstand sitzen
Da müssen wir die Ohren spitzen
Wir brauchen dringend solche Leute

AMOR
Und dázu noch die rechten Bräute
Ich ahne schon die fette Beute

VENUS
Ich will nun, dass er sich bewegt
Und dabei nicht groß überlegt
Ob es auch recht ist, was er tut
Er ist sonst zu sehr auf der Hut
Möchte politisch ganz korrekt sein

AMOR
Den nimmst du doch leicht für dich ein
Dann wird er plötzlich ganz schön klein

VENUS
Gut gesagt, das will ich hoffen
Doch ist der Ausgang ziemlich offen
Ich möchte ihn zur Mitte schieben

AMOR
Politisch wird er da zerrieben

VENUS
Schon deshalb muss er sich verlieben
In eine von der andern Seite
Damit sie ihn zur Mitte leite
Sie steht politisch rechts davon
Du nun, mein schon gereifter Sohn
Sollst beide aneinander ketten
Sie beide so zusammen betten
Dass sie sich – da möcht ich wetten
Beide mehr zur Mitte sehnen
Die Mitte soll sich weiter dehnen
Damit dieses zerriss'ne Land –
Wo ich mich bisher glücklich fand

Weil es mich mächtig an sich band –
Damit es sich bald wieder eint
Statt dass wie jetzt ein jeder greint
Und noch am Ende jeder weint
Weil alles schon verloren scheint
Ich will, dass uns nicht mehr passiert
Was jetzt in userm Land grassiert
Wo man, noch eben gut befreundet
Sich kurz darauf nur noch verleumdet
Weil man ja nicht mehr mit ihm kann
Politisch steht man da im Bann
Einer betonierten Meinung
Ohne Aussicht einer Einung
Ralf und Alíce nun, diese beiden
Die sich gegenwärtig meiden
Können sich auf einmal leiden
Und sich aneinander weiden
Sodass Alíce nach links tendiert
Und Ralf, der sie ab jetzt hofiert
Sich plötzlich mehr nach rechts bewegt
Aus Neigung, die er für sie hegt
Kraft dieser doppelten Bewegung
Entsteht politisch eine Hegung
Die Flügel, die auf beiden Seiten
Sich zurzeit so heftig streiten
Werden dann so weit gekappt
Dass der Ausgleich besser klappt
Zwischen diesen zwei Extremen
Die neue Mitte soll sie lähmen

AMOR
Mutter, führt das nicht zu Tränen
›Weiber werden zu Hyänen‹
Heißt es nicht schon so bei Schiller ...

VENUS
unterbricht ihn

14

... Der war doch ein Ladykiller
lacht; für sich

...Das war jetzt ein kleiner Knüller
So etwas wie ein Pausenfüller
Um den Schwank zu unterstreichen
Geh ich sogar über Leichen...

AMOR
... Ach, das ist mir aber neu
Es scheint mir, du hast keine Scheu
Den großen Dichter zu beschämen

VENUS
Ach, Knäblein, tu dich nicht so grämen
Ich wollte Schiller nicht verfemen
Wollt' nur, dass wir zum Lachen kämen
Damit die Zuschauer nicht gähnen

AMOR
Ich wollte ihn auch nur erwähnen
Weil ich schon jetzt etwas erzitter
Vor Gefahren, die ich witter
Wenn wir Alíce von rechts ablenken
Und sie in die Mitte schwenken
Sie könnte so sehr mit sich ringen
Dass wir sie zu gar nichts zwingen
Müssen wir Frauen nicht umgarnen
Und uns vor ihnen besser tarnen

VENUS
Dafür bist du doch da, mein Knabe
Du vergisst jetzt ganz die Gabe
Die in deinem Bogen steckt
Vorausgesetzt, er wird erweckt
Durch deine Kunst, genau zu zielen
Ali-ce wird das sicher fühlen

Dann lässt sie alles mit sich machen
Danach dann lassen wir es krachen
Ich will mit meinem Plan erreichen
Dass sich alle mehr erweichen
Dass sie nicht gleich beim kleinsten Zeichen
Einer Abweichung von links
Sich gebärden, so als ging's
Um den Untergang des Landes
Wir bedürfen eines Bandes
Das uns mehr zusammenhält
Und niemandem zu sehr missfällt
Das heißt, indem wir Fremde achten
Und sie als Zugewinn betrachten
Dürfen wir nicht die verlieren
Die sich dabei etwas zieren
Wir müssen uns von deren Sorgen
Selber eine Sorge borgen
Und dürfen sie daher nicht schelten
Als lägen zwischen uns fast Welten
Konservative Positionen
Können sich politisch lohnen
Sei es nur, um Maß zu nehmen
Und uns zur Mitte zu bequemen
So lösen wir ›rechts‹ von ›zu rechts‹
Und dessen ärmlichen Gekrächz
Vor dem wir uns strikt hüten müssen

AMOR
Auf dass Alíce und Ralf sich küssen

VENUS
Gut geredet, süßer Wicht
Wem es an Küssen nicht gebricht
Dem fehlt es auch an anderem nicht
Der lässt sich leicht von uns geleiten
Und sich das Hochzeitsbett bereiten

Ali-ce und ihr Neuer, Ralf
Dem noch politisch wenig half
Ihre Liebe, die soll halten
Solange wir als Götter walten
Doch diese Liebe ist verboten
Spiele du deshalb den Boten
Mache du mir möglichst zügig
Die Ali-ce ganz gefügig

AMOR
Ich war bisher für losen Halt
Haltbares, das ließ mich kalt
Das ist jetzt eine andre Sache
Ich zweifle, ob ich sie gut mache

VENUS
Aber klar, dass ich nicht lache
Damit ihre Verbindung hält
Und dir auch dieser Dienst gefällt
Gehe jetzt und hol in Eile
Du weißt schon: die besondren Pfeile
Nicht die mit Gift, nicht die normalen
Die führen nur zu bittren Qualen

AMOR
holt, wie ihm befohlen,
den Köcher mit den Pfeilen ohne Gift

Hier ist der Köcher, meinst du den
Oder hab ich falsch gesehn

VENUS
Nein, nein, er ist es, der wird gehn

AMOR
Was ist zu tun, wie fang ich's an

VENUS
Am besten stehst du deinen Mann

AMOR
Ach, Mutter, du bist nicht gescheit
Du gehst noch jedes Mal zu weit
Eben noch Söhnchen, jetzt ein Mann
Was kommt da wohl als nächstes dran

VENUS
Sei nicht so ernst, du liebes Herz
Ich machte doch nur einen Scherz

AMOR
Ach ja, Mammá, verzeihst du mir

VENUS
Du Lieber, wem wohl, wenn nicht dir

AMOR
So hab ich meine Mutter gern
Aller Groll liegt mir jetzt fern
Doch sag mir nun, wie geh ich vor
Ich folge dir und bin ganz Ohr

VENUS
Dann will ich mal, du kleiner Tor
Du musst zunächst ins Parlament
Dorthin, wo dich noch keiner kennt
Wenn doch, wird Nebel dich umhüllen
So kannst du deinen Dienst erfüllen
Die beiden gehn dort ein und aus
Schließlich ist es ja ihr Haus
Da wirst du sie zusammen finden
Und sie aneinander binden

AMOR

Mammá, sind sie denn schon zusammen
Muss ich sie nicht zuerst entflammen

VENUS

Ja, das ist deine süße Pflicht
Die erspare ich dir nicht
Ich denk' nur, sie sind beide dort
Wenn auch an je verschiedenem Ort
In Räumen der Parteifraktion
Da hättest du nicht viel davon
Im Plenum aber hast du's besser

AMOR

Wetzen sie nicht da die Messer

VENUS

Nein, das gab's nur früher mal
Da wurden Reden zum Fanal
Heute aber gibt's im Saal
Meist nur matte Wortgefechte
Und die dann gerne gegen Rechte
Doch die, die giften jetzt zurück
Das bringt den beiden wenig Glück

AMOR

Sind die nicht neu im Parlament
Sodass man sie noch gar nicht kennt
Und keiner sie beim Namen nennt

VENUS

Du hast sehr Recht, denn jeder Name
Ehrt den Herrn oder die Dame
Ihn zu nennen, ist der Same
Für jedes bessere Verständnis
Er ist im Grunde ein Bekenntnis

Zu zivilen Umgangsformen
Das heißt, zu ganz bestimmten Normen
Der politischen Debatte
Von dem, was man mal früher hatte
Stattdessen beidseits nur ein Dröhnen
Man sucht noch nach genauen Tönen
Muss sich einander erst gewöhnen
Um sich vielleicht mal zu versöhnen
Darum mach ich ein Exempel
Verbotene Liebe sei der Stempel
Den ich dem Bundestag aufdrücke
Dann entsteht da eine Lücke
Die das hohe Haus beglücke
Sie soll die Diskussion verändern
Sie erotisch leicht umrändern
Dass alle schließlich in sich gehen
Und sich am Ende mehr verstehen
Deshalb schick ich dich dahin

AMOR
Ich sehe, Mámma, das macht Sinn

VENUS
Das hab ich alles wohl erwogen
Du spannst am besten gleich den Bogen

AMOR
Doch erstmal komm ich hingeflogen
Wo, meinst du, soll ich mich postieren
Die werden alle auf mich stieren
Oder mich so anvisieren
Dass ich nicht sicher zielen kann

VENUS
Die ziehe ich in meinen Bann
Und, Knäblein, du vergisst den Nebel

Das ist doch mein berühmter Hebel
Der Nebel hüllt dich förmlich ein
So wirst du nicht zu sehen sein

AMOR

O ja, den hab ich ganz vergessen
Jetzt bin ich dafür ganz versessen
Auf Ralf, den spröden und Ali-ce
Mich zwickst schon bis in meine Füße
Auf beide so genau zu zielen
Damit sie unter all den vielen
Sich ganz allein getroffen fühlen

VENUS

Es gibt dafür ein sichres Zeichen
Bei dem sich schließlich alle gleichen
Keiner kann ihm je entweichen
Wer sich getroffen fühlt, der hält
Ob's ihm oder ob's ihm nicht gefällt
Die rechte Hand fest an sein Herz
Denn ihn erfasst ein süßer Schmerz
Er fühlt sich ab sofort verwandelt
Weil es sich um Liebe handelt
Und es ergreift ihn tiefe Brunst
Daran erkennst du deine Kunst

AMOR

Davon hab ich noch keinen Dunst

VENUS

Ich weihe dich bald darin ein
Dann wirst du darin Meister sein
Doch nun, mein Sohn, ist's Zeit, jetzt fliege
Nimm an der Spree dann eine Biege
Und halte auf den Reichstag zu
Dann bist du praktisch da im Nu

AMOR
steht, schon gerüstet, um davon zu fliegen

Ich bin schon unterwegs, Mammá
In paar Minuten bin ich da

VENUS
für sich

Mein Sohn ist doch ein gutes Kind
Ich flieg ihm nach bei gutem Wind!

Licht aus

II. AKT

Im Plenarsaal des Bundestags
Amor, Venus, Ralf, Alice
und Abgeordnete des Bundestags

Die Abgeordneten reden durcheinander,
bis die Glocke des Präsidenten erklingt;
Ruhe kehrt ein, die Sitzung beginnt

Amor
hat sich inzwischen neben dem Präsidenten postiert,
spannt den Bogen und zielt zunächst auf Ralf

Ralf
fasst sich mit der rechten Hand ans Herz

Mein Herz, o Gott, ich fass es nicht
Ich spür gerade ein Gewicht
Als würde es mir zentnerschwer
Als wär es schon Jahrzehnte her
Dass sich sówas in mir regte
Und mich sogleich dazu bewegte
Ín mich zu gehn und mich zu fragen
In welchem Jahr, an welchen Tagen
Ich schon mál sowas verspürte
Was mich danach derart rührte
Dass ich nicht wusste, was ich tat
Ich brauche jetzt besondren Rat
Wüsste aber nicht von wem
Denn es ist wahrlich nicht an dem

Dass jemand sich aus der Partei –
Obwohl, es ist doch nichts dabei –
Ausgerechnet um mich sorgt
Und mir seine Hilfe borgt
Wo es sich doch um Liebe dreht
Die sich nicht von selbst versteht
Die Lisa, meine Frau seit Jahren
Darf davon keinesfalls erfahren
Darf davon nichts Konkretes wissen
Da wir uns heute kaum noch küssen
Darf nicht wissen, wie ich leide
Das wär nicht gut für alle beide
Meine Partei, die Es Pe De
Obwohl sie über Wohl und Weh
Meiner Person seit je entscheidet
Und dann, wenn ein Genosse leidet
Meist sehr schnell zur Stelle ist
Meine Partei gilt es mit List
Von Herzensdingen fernzuhalten
Sie hat sich da nicht einzuschalten

AMOR
zu Venus, die sich inzwischen hinter ihm aufgestellt hat

Mámma, merkst du, wie Ralf spricht
Er spricht, als wär es ein Gedicht
Sonst spricht er sicher nur in Prosa

VENUS
Durch deinen Pfeil sieht er nur rosa
Mal sehn, ob er es selber merkt
Und sich danach wieder verstärkt
Zu der normalen Rede wendet
Die dann erneut in Prosa endet

RALF
für sich

O Gott, hoffentlich merkt es keiner
Ich sprech auf einmal so wie einer
Der nur in Reimen reden kann
Mein Herz treibt mich wohl dann und wann
Zu lingualen Extra-Touren
Wahrscheinlich, wenn sich die Amouren
Meiner ganz bemächtigt haben
Dann scheint mein Hirn sich gern zu laben
An Versen, für die es sonst nicht brennt
Da es normal nur Prosa kennt
Was ist zu tun, ich fühl mich schwach
Mir droht jetzt neues Ungemach
Denn was ich immer stärker spüre
Als wär's nicht nur eine Allüre
Ist, dass ich Alice sehen muss
Das bereitet mir Verdruss
Es darf nicht sein, bei meiner Ehre
Dass ich diese Frau begehre
Doch ich spüre es ganz stark
Ich fühle mich nicht mehr autark
Nicht Herr mehr meines eignen Ich
Als wär mein Ich nicht mehr bei sich

VENUS
Siehst du, Amor, was dein Bogen –
Und das ist wirklich nicht gelogen –
Was er angerichtet hat

AMOR
Ja, ich bin selber ziemlich platt
Ralf ist ja wirklich wie verwechselt
Er redet plötzlich wie gedrechselt
Es geht ihm alles ziemlich nah
Er kann nicht fassen, was geschah

VENUS

Ich sehe sie nur ganz verschwommen
Doch jetzt ist der Moment gekommen
Wo du Ali-ce treffen musst
Denn Ralf hat jetzt so lange Frust
Ihn verlässt so lang die Lust
Bis er auf Gegenliebe stößt
Die ihm die Alíce einflößt
Sodass sich seine Spannung löst
Jetzt seh ich sie da vorn rechts sitzen

AMOR

Neben diesem alten Fritzen

VENUS

Ja, neben dem, doch triff nicht ihn

AMOR

Mammá, ich hab doch keinen Spleen
legt wieder den Bogen an, zielt auf Alíce
und trifft sie ebenfalls genau ins Herz

VENUS

Gut getroffen, braver Junge
Das Lob, es liegt mir auf der Zunge
Wer zweimal so gut zielen kann
Der wird bestimmt ein ganzer Mann

AMOR

Jetzt treibst du wieder deine Späße
Wenn jetzt ein anderer hier säße
Kämst du nicht so gut davon
Wie bei deinem eigenen Sohn
Doch schau mal, wie Alice sich windet
Als ob sie keinen Halt mehr findet

VENUS
Weil du so gut getroffen hast
Das Herz wird ihr jetzt ganz zur Last

ALICE
fasst sich, so wie Ralf zuvor, ans Herz;
für sich

Ich weiß nicht, was ich sagen soll
Mein Herz, es fühlt sich an wie toll
Es rast wie wild, was ist geschehen
Mir ist, als kriegte ich die Wehen
Ich bin doch sonst ganz unterkühlt
Doch das ist jetzt wie weggespült
Mir ist, als fühlte ich mich frisch
Als wollte ich jetzt reinen Tisch
Mit Christín, meiner Liebe, machen
Sie hätte sicher nichts zu lachen
Wenn sie ihre sieben Sachen
Nun auf einmal packen müsste
Weil ich plötzlich nicht mehr wüsste
Wie ich mit ihr leben kann
Was fang ich jetzt bloß mit ihr an
Wenn ich nur wüsste, was mich traf
Ich fühl mich grade wie ein Schaf
Weiß wirklich nicht mehr ein noch aus
Und möchte einfach nur noch raus

AMOR
Mammá, ist das noch zu verstehn
Es ist das gleiche Phänomen
Wie es bei Ralf zu sehen ist

VENUS
Ja, ja, weil du der Gleiche bist
Und du sie mit der gleichen List
Im Innersten getroffen hast

Es ist, als wärst du nun zu Gast
Als hieltest du bei ihnen Rast
Und machtest beide ganz poetisch
Das zeigt sich eben jetzt phonetisch
Sie sprechen beide nur in Reimen

AMOR
Darin wird wohl die Liebe keimen
Und sie veranlassen zu heimen

VENUS
Mein Sohn, welch schönes neue Wort
Erfindest du an diesem Ort
Vom ›heimen‹ hört ich bisher nie
Doch wirklich, mir gefällt's und wie
Hast du vom ›Heim‹ es ausgeweitet
Und es als Verb dann abgeleitet

AMOR
Es kam mir grad so in den Sinn
Da ich wie du poetisch bin
Von dir hab ich die Poesie

VENUS
Du Lieber, ich geh auf die Knie
Noch nie warst du so süß zu mir
kniet vor ihrem Sohn nieder

AMOR
Das hab ich alles nur von dir

VENUS
umarmt ihren Sohn und küsst ihn innig

ALICE
Es ist, als ob jetzt mein Verstand
Einen neuen Zugang fand

Ich kenn mich selber nicht mehr wieder
Bisher war meine Sprache bieder
In Versen hab ich nie gesprochen

AMOR
Sie hat bestimmt etwas gerochen
Ich möchte wirklich darauf pochen
Dass sie sich schon verzaubert fühlt
Und nun in ihrem Sprachschatz wühlt
Wie sie es benennen kann

VENUS
Sie steht ganz fest in unsrem Bann
Ich frage mich nur längst, ab wann
Sie endlich merkt, wen sie begehrt
Nach wem sie sich so sehr verzehrt

AMOR
Doch schau, Mammá, sie steht jetzt auf
Dein schöner Plan nimmt seinen Lauf
Sie guckt tatsächlich in Ralfs Richtung
Ihr Blick bekommt eine Gewichtung
Wie in einer Liebes-Dichtung

VENUS
Und Ralf schaut schon zu ihr zurück
Aus ihrem Blick spricht schon das Glück
Sie können es nur noch nicht fassen
Und müssen's noch dabei belassen
Sonst fällt es zu sehr aus dem Rahmen

AMOR
Ich sage dazu bloß noch Amen

ALICE
O Gott, wieso denn grade der
Ich mochte andre doch viel mehr

Und dann noch bei der Es Pe De
Doch hilft mir jetzt kein Ach und Weh
Niemand darf davon erfahren
Ich darf mich niemand offenbaren
Dass ich den falschen Mann begehre
Und mit Linken jetzt verkehre
Ich verlöre meine Ehre
Wie komm ich jetzt nur zu ihm hin
Ich habe nur noch ihn im Sinn
Und spüre es bis rauf ans Kinn
Schon zittern meine Lippen mir
Sie wittern sicher schon die Gier
Die ich empfinde, ihn zu küssen
Sie zahlen es ihm heim mit Bissen
Dass er der Falsche für mich ist
Und dass mich eine dreiste List
An diesen Mann geraten ließ
Damit er mir das Glück verhieß
Ich sehe ihn, ich kann's nicht glauben
Als würd er mir die Sinne rauben
Als wär ich meiner nicht mehr mächtig
Als ginge ich mit Dingen trächtig
Die ich politisch niemals wollte

AMOR
Alice sieht aus, als ob sie grollte
Mammá, hab ich es überzogen
War's vielleicht doch der falsche Bogen

VENUS
Nein, nein, mein Kind, sei unbesorgt
Die Flasche ist noch nicht entkorkt
Dies Bild gebrauch ich immer gerne
Wenn vom Olymp, aus weiter Ferne
Die Opfer unsrer Kunst sich zeigen
Das ist oft wie ein wilder Reigen
Alle sind dabei sehr eigen

Keiner kann es gleich verstehen
Seine Seele hat die Wehen
Sie muss sich gleichsam erstmal häuten
So ist es jedenfalls zu deuten
Dass jeder sich zu Anfang wehrt

AMOR
Gegen den, den er begehrt

VENUS
Ganz recht, mein Liebling, so sieht's aus
Jedoch, wir machen jetzt was draus
Nimm nur Ali-ce ins Visier
Dann sehe ich direkt von hier
Wie sich ihre Seele läutert
Und ihr Herz sich dann erweitert

AMOR
Ich habe sie bereits im Blick
Das gibt ihr den gewissen Kick

VENUS
Siehst du, sie spürt's schon im Genick

ALICE
fasst sich ans Genick

Ich spüre hier ein leichtes Ziehen
Als sei's von fremder Macht geliehen
Doch meine Seele scheint gediehen
Ich fühl mein Herz nicht mehr betrogen
Sondern ganz dem Ralf gewogen
Irr ich, oder schaut er her
Nein, das ist kein Irrtum mehr
Er schaut mich an, ganz unverwandt
Als läge alles auf der Hand

Als läge zwischen uns kein Graben
Darüber scheint er ganz erhaben

AMOR
Mámma, guck mal auf Ralfs Mund
Der ist auf einmal ziemlich rund
Die Winkel weisen jetzt nach oben
Nicht mehr wie sonst, wo sie verschroben
Immer mehr nach unten wiesen

VENUS
Verzeih, mein Junge, ich muss niesen
niest

AMOR
Dir steigt die Sache wohl ins Näschen
Das ist viel besser als ins Bläschen

VENUS
Na, na, jetzt bis du ganz schön frech

AMOR
weiter frech

Ach, Mammá, was für ein Pech

VENUS
Nun komm mal wieder etwas runter

AMOR
Ich bin wie du so gerne munter
Das macht das Leben doch viel bunter

VENUS
Bloß geht's da vorn drüber und drunter
*die Sitzung ist beendet, und die Abgeordneten
streben dem Ausgang des Plenarsaals zu*

Mein Lieb, jetzt bist du an der Reihe
Gib du den beiden jetzt die Weihe

AMOR
fragt seine Mutter

Indem ich ihnen Flügel leihe

VENUS
Ja, im übertragenen Sinn

AMOR
Mehr wäre auch bei mir nicht drin
Flügel kannst nur du verleihen
Du vergibst die höheren Weihen
Und würdest es mir kaum verzeihen
In deine Rechte einzugreifen

VENUS
Du solltest dich nicht so versteifen
Schließlich bist du Mutters Kind
Da lernt sich so was ganz geschwind
Doch halt, wo sind die beiden jetzt

AMOR
Sieh dort, er ist schon ganz ergötzt
Und lässt sie nicht von seiner Seite
Als ob's ihm großen Spaß bereite

VENUS
Und sie, was macht Ali-ce grade

AMOR
Ich seh sie grade nicht, wie schade
Doch halt, jetzt kehrt sie sich zu mir
Sie sind schon ganz dicht an der Tür
Der Ralf, der geht jetzt links von ihr

Auch Alice schaut ihn jetzt an
Ich frage mich, Mammá, seit wann
Ich jemals so viel Leidenschaft
So viel süße, innere Kraft
Im Auge einer Frau erkannte
Die sie auf den Mann verwandte
Und – nein! Jetzt küsst sie ihn sogar
Das kann nicht sein, das ist nicht wahr
Sie scheint ihn sogar abzuschlecken
Um seine Leidenschaft zu wecken

VENUS
Da siehst du's mal, mein lieber Junge
Da küsst jetzt jemand mal mit Zunge
So sieht das aus, wenn man das macht

AMOR
Das hätte ich so nicht gedacht
Es wäre allerdings gelacht
Wenn sowas jemand Freude macht

VENUS
Sei mir doch bitte jetzt nicht prüde

AMOR
Ach, Mammá, ich bin nur müde
Der Flug hierher war doch sehr weit

VENUS
Nun klag nicht, jetzt ist nicht die Zeit
Für irgendeine Müdigkeit
Meine Mission muss ich beenden
Ehe sich die Dinge wenden
Ich möchte, dass du dich bemühst
Und mir berichtest, was du siehst
Wie reagiert denn Ralf auf sie
Küsst er Ali-ce auch...

AMOR

... und wie
Jetzt schlecken sie sich beide ab
Mammá, die sind ganz schön auf Trab

RALF

Alice, es ist mir nicht geheuer
Jedoch du bist mir plötzlich teuer
Ich habe mich in dich vergafft
Mein Hirn, es ist wie weggerafft
Ich kann nicht anders als dich küssen

ALICE

Ich zahle es dir heim mit Bissen
Weil ich dich doch nicht lieben darf
Und trotzdem bin ich auf dich scharf

RALF

Du tust mir weh, doch ich muss sagen
Ich kann es gar nicht recht beklagen
Normal geht Liebe durch den Magen
Doch diesmal ging sie durch mein Hirn
Als hätte ich nicht mehr die Stirn
Mich gegen das Gefühl zu wehren

ALICE

Es wird uns beide wohl entehren
Meine Kollegen schaun schon weg
Als wäre ich der letzte Dreck
Zu leugnen hat jetzt keinen Zweck
Es ist verboten, was wir tun
Die A ef De wird jetzt nicht ruhn
Bis ich aus eigenem Entschluss
Sie verlasse, weil ich muss

RALF

Mir wird es sicher auch so gehen

Denn wie wir auch die Dinge drehen
Wir schaffen es nicht aus der Welt
Was dich und mich zusammenhält
Als hätten wir's uns abgerungen
Sind wir von Liebe so durchdrungen
Dass nichts uns auseinander bringt

ALICE

Ja, unsre Seelen sind umringt
Ich fass es nicht, doch es ist wahr
Und es wird mir langsam klar
Ich kann jetzt ohne dich nicht leben

RALF

Ich fühl mein Herz so sehr erbeben
Dass ich ganz von Sinnen bin
Ohne dich hat nichts mehr Sinn
Ich muss es mir erst selbst verklaren
Dass ich dir mit Haut und Haaren
Ausgeliefert bin, ich Tor

ALICE

Mir kommt es langsam auch so vor
Wir werden beide büßen müssen
Dafür, dass wir uns hier so küssen
Alle haben uns gesehen
Niemand wird uns je verstehen
Nicht mal wir selber tun es ja

RALF

Das ist nur allzu offenbar
Wir sollten deshalb schnell verschwinden
Und weitres Unheil unterbinden
Ehe die Medien es verkünden

ALICE

Du hast ganz recht, ich schlage vor

Wir treffen uns bei mir am Tor
Das zu meiner Wohnung führt
Wie's einem Rendezvous gebührt

RALF
Mein Feuer ist bereits geschürt
Ich steh gestiefelt und geschnürt
Danach wird unser Bund gekürt
Bloß sag noch wann, um welche Zeit
Mir ist's egal, ich steh bereit

ALICE
Am besten, wenn's schon dunkel ist
Wenn du nicht mehr erkennbar bist
Damit kein Nachbar uns verpfeift
Und meine Nachbarin nicht keift

RALF
Die gehörn besser eingeseift
Sodass niemand nichts erfährt

ALICE
listig

Was jeder Grundlage entbehrt

RALF
Bleibt nur noch eins: an welchem Tag
Heut noch, morgen? Bitte sag

ALICE
Am liebsten wär mir, gleich noch heute
Doch hab ich Angst, dass unsre Leute
Uns sofort danach verpetzen
Und dich und mich zu sehr verletzen
Diesen Tag lass uns verstreichen
Da hinterlassen wir kein Zeichen

Niemand soll uns Zwei erreichen
Die Medien gehn doch über Leichen
Am besten treffen wir uns morgen
Dann sind wir künftig ohne Sorgen
Morgen um 20 Uhr bei mir

RALF
Da steh ich pünktlich vor der Tür!
verabschieden sich küssend

AMOR UND VENUS
winken ihnen nach

Licht aus

III. AKT

In Christíns Wohnung, am gleichen Abend
Alice, Christín und Amor

CHRISTÍN
auf ihrem Sofa, Alice neben ihr; Alice küsst
Christín ostentativ, die sich dagegen wehrt;
dahinter, versteckt, Amor, der Christín
unmerklich anhaucht

Wie heißt der Satz doch, meine Liebe
Die Gelegenheit macht Diebe
Ich weiß, du lässt dich gern betören
Von irgendwelchen dummen Gören
Das soll mich weiter nicht empören
Doch jetzt hab ich was läuten hören
Du hätt'st dich im Geschlecht geirrt
Im Plenum wärst du ganz verwirrt
Um in die Mitte zu gelangen
Auf einen Linken zugegangen

ALICE
Ach, du brauchst nicht um mich zu bangen
Vertrau mir nur, Christín, mein Liebes
Es bedarf doch keines Diebes
Um unsre Liebe zu erhalten
Und sie lesbisch zu gestalten

CHRISTÍN
Es heißt, du hättest irgendwann
Mitten im Plenum diesen Mann

Nicht nur angeregt gegrüßt
Sondern dann auch wild geküsst

ALICE
Wer hat dir denn das zugetragen
Sie oder ihn könnt ich erschlagen

CHRISTÍN
Ich sehe schon, du bist erregt
Du handelst nicht mehr überlegt
Wie du es gewöhnlich tust
Wenn du gänzlich in dir ruhst
Spar dir die Mühe mit dem Schlagen
Und lass dir einfach von mir sagen
Es war kein Mann, auch keine Frau

ALICE
Dann irgendeine andre Sau
Die tat es sicher nicht für lau

CHRISTÍN
Du bist ja plötzlich außer dir
So warst du ja noch nie bei mir
Es war kein Mensch und auch kein Tier

ALICE
Was dann, ein Drittes gibt es nicht

CHRISTÍN
Das ist so deine eigne Sicht
Geh lieber mit dir ins Gericht
Und leugne es nicht weiter

ALICE
Dann nenn mir Ross und Reiter

CHRISTÍN

Das kann ich nicht, mir sagt mein Bauch
Es war so etwas wie ein Hauch

ALICE

Mir scheint, es ist dein neuer Brauch
Dich auf Gefühle zu berufen
Die sind doch nur schwer einzustufen
Dein Bauch, ein Hauch – das kann ich auch
Gefühle sind doch Schall und Rauch

CHRISTÍN

So heißt es doch eher von Worten
Den Slogan findst du allerorten
Nein, nein, der Hauch war was Spezielles
Etwas für mich Originelles
Er hatte eine Dimension
Als wäre es ein sanfter Ton
Den kennst du nicht aus der Fraktion

ALICE

Ach je, was weißt du schon davon

CHRISTÍN

Würde ich ihn besser kennen
Könnte ich ihn auch benennen
Es hauchte seltsam hinter mir
Für mich ein Rätsel, sag ich dir
Seitdém – und das ist nicht erfunden
Spreche ich nur noch gebunden
Das ist doch alles nicht normal
Und ist mir keineswegs egal
Du redest übrigens auch gereimt
Dich hat dein Lover wohl geleimt
Hat dich verzückt und vollgeseimt

ALICE
Nun mach aber mal einen Punkt

CHRISTÍN
Gib zu, es hat bei dir gefunkt
Zu leugnen hilft dir nicht mehr länger
Mir wird schon bang und immer bänger
Dass ich dich ganz verloren habe
Jetzt raus damit, wie heißt der Knabe

ALICE
sich nicht länger herausredend

Ich gebe auf, du hast ja Recht
Es noch zu leugnen, wäre schlecht
Tatsächlich ist mir was passiert
Das hat mich völlig irritiert
Ich weiß jetzt weder ein noch aus

CHRISTÍN
Los, nenne mir jetzt Mann und Maus

ALICE
Es ist ein Mann der Es Pe De

CHRISTÍN
Nein, hör auf, du tust mir weh
Erst irrst du dich in dem Geschlecht
Das ist mir eh schon gar nicht recht
Und jetzt auch noch in der Partei
Das ist ja wohl ein dickes Ei
Schämst du dich denn nicht
Du verlierst doch dein Gesicht

ALICE
Ich bin darüber doch nicht froh
Weiß auch selber nicht wieso

Mein Herz auf einmal so sehr pochte
Dass ich den Kerl auf einmal mochte

CHRISTÍN
Alice, bist du denn noch bei Sinnen
Du fängst ja langsam an zu spinnen
Als wärst du schuldlos an der Sache
Pochst du aufs Herz, dass ich nicht lache

ALICE
Glaub es oder glaub es nicht
Und halte über mich Gericht
Ich war ganz plötzlich hin und weg
Es hatte wirklich keinen Zweck
Sich dagegen aufzubäumen

CHRISTÍN
Du wolltest einfach nichts versäumen
Aus dem Weg mich gerne räumen
Du flogst auf ihn, warst spitz auf ihn

ALICE
Ich versteh dich ja, Christín

CHRISTÍN
Mach jetzt nur bloß nicht auf Verständnis
Was ich will, ist ein Bekenntnis
Ob du mich noch weiter liebst
Mir noch eine Chance gibst
Oder nur noch diesen Typ
Und ich auf der Strecke blieb

ALICE
Christín, was soll ich weiter sagen

CHRISTÍN
Mich brauchst du wirklich nicht zu fragen

ALICE

Also gut, dann muss es raus
Mit uns beiden ist es aus
Der Kerl geht mir nicht aus dem Sinn
Schade, du mein Lieb, Christín
Wie dumm, dass ich so sprunghaft bin

CHRISTÍN
auf einmal schwer getroffen

So ist es also wirklich wahr
Jetzt erst wird mir wirklich klar
Was es bedeutet, sich zu trennen
Sich ab jetzt nicht mehr zu kennen

ALICE

Aber nein, was sagst du da
Wir beide bleiben uns doch nah
Wer weiß, wie lang die Liebe hält
Und ob der Typ mir noch gefällt
Ob ich noch auf ihn ábfahr
Sagen wir, nach einem Jahr
Die Liebe ist so unbeständig
Bloß die Begierde bleibt lebendig

CHRISTÍN

Zwar ist das alles schön gesagt
Nur ist die Trennung nicht vertagt
Selbst ein Jahr scheint mir zu lange
Mir ist jétzt schon viel zu bange
Ob ich das überstehen kann

ALICE

Ich weiß nicht, wer sich das ersann
Scheint's stehn wir beide unterm Bann
Eines unerklärlichen Geschehens
Du wegen dieses sanften Wehens

Das dich hinterrücks behauchte
Ich, weil dieser Typ auftauchte
Den ich vorher furchtbar fand
Nun aber gänzlich an mich band

CHRISTÍN
Auch mir ließ es ja keine Ruh
Als wären es verschiedene Schuh
Geht's nicht mit rechten Dingen zu
Was hieltest du davon, Ali-ce
Damit das Jahr mich nicht verdrieße
Ich's vielleicht sogar genieße
Dass ich folgendes beschließe
In Anbetracht begrenzter Liebe
Sowie sehr schnell erlahmter Triebe
Gibst du vor Ablauf dieses Jahrs
Dem Kerl den Laufpass, sagst: das war's

ALICE
Ich wusste es, du bist ein Aas
Was ist denn, wenn ich doch noch Spaß
Wenn ich dóch noch nach ihm giere
Und mich gern in ihm verliere

CHRISTÍN
Ich kenn dich, du magst Frauen mehr
Schließlich mochtest du mich sehr
Dich wird es wieder zu mir treiben
Ich werd dich wieder einverleiben
Du kommst bestimmt zu mir zurück
Und dann beginnt ein neues Glück

ALICE
Ich fühl mich zwar von dir gebeugt
Doch auch wieder schön beäugt
Für jetzt hast du mich überzeugt

CHRISTÍN
Du weißt ja, es ist wie ein Spuk
Vielleicht ist alles Lug und Trug
Irgendwer hält uns zum Narren
Als führen wir im Narren-Karren
Als spönne jemand eine Fehde
Beleg: unsre gereimte Rede
Das alles ist so ungereimt
Als ob der Teufel selbst uns leimt
Mir fällt da plötzlich etwas ein
Lass es uns zum Zeichen sein
Dass, wenn du wieder reimlos redest
Du diesen Kerl erneut befehdest
Wie du es ja bisher schon machtest
Da du ihn doch zumeist verlachtest
Weil du ihn im Grund verachtest
Ja, wenn wir beide Prosa sprechen
Können wir uns dafür rächen
Dass man dich und mich gefühlt
Aus lauter Spaß zum Narren hielt

ALICE
Je mehr du sprichst, bin ich berückt
Bin wieder ganz von dir entzückt
Damit du dich nicht zu sehr plagst
Machen wir's so, wie du es sagst
gibt ihr einen Kuss auf die Wange

CHRISTÍN
Alice, ich wüsste gern genau
Bleibe ich noch deine Frau
Oder nur ein Nebenweib
So als lockerer Zeitvertreib

ALICE
Christín, du bleibst mir angetraut
Ich bin erneut von dir erbaut

Es wird auch keine Scheidung geben
Wir werden so zusammenleben
Als wäre rein gár nichts geschehen
Als ob wir uns noch blind verstehen
Damit die andern alle sehen
Alles ist bei uns wie immer
Sie haben von uns keinen Schimmer

CHRISTÍN
Das gefällt mir, das klingt gut
Jetzt hab ich wieder neuen Mut

ALICE
Wir sind zwar jetzt auf einmal Drei
Doch Ralf läuft für mich nebenbei
Als ein Geliebter, nur auf Zeit

CHRISTÍN
Dazu bin ich jetzt gern bereit
Doch ehe wir uns zu sehr freuen
Was wir vielleicht nachher bereuen
Will ich etwas von dir fordern
Da du ab jetzt ganz neuen Ordern
Der Es Pe De gehorchen musst

ALICE
Dázu hab ich keine Lust
Ich werd mich der Partei nicht fügen
Tät ich es, ich müsste lügen
Ralf selbst ist dort nicht mehr gelitten
Da herrschen nicht die guten Sitten
Dass man mal ein Auge zudrückt
Sie halten ihn doch für verrückt
Und bei uns ist es genauso
Die A ef De wär doch nur froh
Wenn sie mich vom Halse hätte
Darauf geb ich jede Wette

CHRISTÍN

Das dachte ich mir auch spontan
Deshalb kommt es darauf an
Dass wir einen Ausweg finden
Und uns anderweitig binden

ALICE

Worauf willst du jetzt hinaus
Was heckst du da gerade aus

CHRISTÍN

Du wirst es wieder nicht verstehen
Ich sprach doch vorhin von dem Wehen
Von dem Hauch, der mich umwehte
Sodass sich alles in mir drehte
Mir war es so, als ob ich wanke
Da kam mir plötzlich ein Gedanke
Um den ich nun die Bitte ranke
Was hältst du von der Cc Dc U

ALICE

Das weißt du doch, du dumme Kuh
Verzeih, wenn ich so drastisch bin

CHRISTÍN

Das war wie ein Schlag unters Kinn
Doch du erkennst sogleich den Sinn
Der Bitte, die ich an dich habe

ALICE

Du hattest immer schon die Gabe
Mich erstmal völlig zu verstören

CHRISTÍN

Um dich danach dann zu betören

ALICE
Dann schieß mal los und lass mich hören

CHRISTÍN
Nicht, dass wir uns wieder verlieren
Und in die falsche Richtung stieren
Sieh nur, die arme Es Pe De
Die tut doch jedem nur noch weh
Sie ist nur noch ein kleiner Tanker
Ist alles, nur kein Rettungsanker
Der aber ist die Ce De U...

ALICE
Das sagst mir ausgerechnet du

CHRISTÍN
Weil sie für dich die Rettung ist
Und du nicht mehr dieselbe bist
Ich weiß, es wird dir gar nicht passen
Allein, du musst jetzt Federn lassen
Dein Ralf bringt dich in eine Krise
Und zwar in eine wirklich fiese
Deine Partei, die wirft dich raus
Politisch stehst du vor dem Aus
Was machst du da, um dich zu retten

ALICE
Mich an die Ce De U zu ketten

CHRISTÍN
Genau das ist es, was denn sonst

ALICE
Und só spricht jetzt mein Eh'gesponst

CHRISTÍN
Sieh's doch, als wär's ein Wink von oben

Ich kann ihn eigentlich nur loben
Er wurde mir doch zugehaucht

ALICE
Dein Hauch, der klingt jetzt nur verbraucht
Als hätte sich dein Hirn verstaucht

CHRISTÍN
Denk doch mal nach und sieh's als Chance

ALICE
Dein Hauch versetzt mich noch in Trance

CHRISTÍN
Komm, Liebes, wehr dich doch nicht so
Sei lieber einsichtig, sei froh
Dass dies für dich der Ausweg ist
Dir bleibt nur eine kurze Frist
Bis du rausgeschmissen bist
Dem Rausschmiss kommst du so zuvor
Da ein Wink dich auserkor
In die Ce De U zu gehen

ALICE
Die würde das doch nie verstehen

CHRISTÍN
Aber ja, die freut sich sehr
Über jeden, der nicht mehr
In der A ef De verbleibt
Und sich dort die Zeit vertreibt
Und du, du bist dann fein heraus
Die Rechtsextremen sind ein Graus
Sie machen die Partei kaputt
Und hauen alles nur zu Schutt
Du hättest sie einfach verlassen

ALICE
Sie werden mich doch dafür hassen

CHRISTÍN
Ja, ja, das ist nicht zu verhindern
Deren Hass ist nicht zu lindern
Doch sag ich's gerne noch ein Mal
Dir bleibt jetzt keine andre Wahl
Weiter nach rechts, das willst du nicht
Da wird die Ce De U zur Pflicht

ALICE
langsam einsichtig

Nach rechts ist mir der Weg verschlossen
Zwar bin ich noch etwas verdrossen
Doch seh ich selber langsam ein
Die Ce De U, das muss wohl sein

CHRISTÍN
Ich versteh ja deine Pein
Doch du kannst ihr Beine machen
Die hätten dort dann nichts zu lachen
Dein Wechsel könnte sich noch lohnen
Indem du alle Positionen
Die die Partei links liegen ließ
Womit sie gegen ihr Ce verstieß
Wieder auf das Agendum setzt

ALICE
Und alle damit gleich vergrätzt

CHRISTÍN
So ist es, doch das muss sie schlucken
Sie werden sicher etwas mucken
Doch du brauchst dich nicht zu ducken
Du erinnerst sie an Werte

Die sie lange Zeit entbehrte
So bringst du, denke ich, am Ende
Der Ce De U die neue Wende
Sie wird erneut konservativ
Was bei ihr lange nicht mehr lief
Du wirst diese Partei sanieren
Sie wird das sicher bald kapieren

ALICE
Du sprichst – das geht mir an die Nieren
Als wärst du schon eine der Ihren

CHRISTÍN
Ich tue es zwar jetzt für dich
Doch im Grunde auch für mich
Sieh doch, ich will dich nicht verlieren
Ich will hier nicht auf allen Vieren
Kriechen, will mich nicht vermauern
Und hier sinnlos um dich trauern
Während du dich neu verliebst
Und dich diesem Ralf ergibst
Ich werde das nur überstehen
Werd nur dann hier nicht durchdrehen
Wenn ich weiß, das ist es wert
Du wärst damit nicht mehr entehrt
Und ich wär ziemlich unversehrt
Könnte auch freier mich bewegen
Das Ganze hätte meinen Segen

ALICE
letztlich erleichtert

Christín, du hast mich sehr gerührt
Hast mich zu mir zurückgeführt
Das rechne ich dir ganz hoch an
Ich tue künftig, was ich kann
Um mich christlich zu gebärden

Und dir, mein Lieb, gerecht zu werden
umarmt sie, sie küssen sich

Amor
erscheint plötzlich hinterm Sofa
und reibt sich die Hände

Licht aus

IV. AKT

In Ralfs und Lisas Wohnung, am gleichen Abend
Ralf, Lisa und Amor

LISA
auf ihrem Sofa, zu Ralf, der daneben steht;
dahinter, versteckt, Amor, der nun Lisa
unmerklich anhaucht

Mein Lieber, was ist nur mit dir
Es ist, als wärst du gar nicht hier
Als hättest du gar keine Wahl
Windest du dich wie ein Aal
Und im Gesicht bis du ganz fahl
Komm und setz dich erst einmal

RALF
setzt sich neben sie

Lisa, das ist jetzt nicht banal
Ich bin in einem tiefen Tal
Und fühle mich, als wär ich kahl

LISA
Dein Haar ist aber ganz normal

RALF
Das mag ja sein, doch glaube mir
Ich kann zwar diesmal nichts dafür
Doch tief in mir, da steckt ein Tier

LISA

Du machst es spannend, was ist los
Du stellst dich sonst nie vor mir bloß
Was für ein Tier steckt in dir drin
Das gibt doch alles keinen Sinn

RALF

Als würde ich mich nicht mehr kennen
Kann ich das Tier dir gar nicht nennen
Hör zu, mir ist etwas passiert
Etwas, das mir garantiert
Noch nie in dieser Art geschah
Ich war schon fast dem Wahnsinn nah
Da tappte ich in eine Falle
Jetzt spritz ich dafür Gift und Galle
Verfluche mich und mein Geschick

LISA

Du sprichst, als hättst du einen Tick
Was meinst du denn für eine Falle
Meinst du die Es Pe de, uns alle

RALF

Ich meine mich und meine dich
Und unsre Ehe, uns an sich

LISA

Uns an sich – du machst mir Spaß
Was ich bisher indes vergaß
Ehe du mich jetzt befehdest
Weißt du eigentlich, wie du redest

RALF

Das ist es ja, das weiß ich längst
Doch eh du mit mir Streit anfängst
Hör du nur erst dir selber zu
Dann lässt du mich bestimmt in Ruh

LISA

Ja, du hast Recht, mir fällt's jetzt auf
Ich war bislang noch nie so drauf
Dass ich in Reimen sprechen wollte
Als ob tief in mir etwas grollte
Das sich der Prosa widersetzt
Als ob die Prosa es verletzt

RALF

Du sprichst gestelzt, weißt du seit wann

LISA

Ich schwör's dir, das fing eben an
Denn kaum kamst du zur Tür herein
Fühlte ich einen Hauch, ganz fein
Meinen Nacken sanft befeuchten

RALF

Der Hauch ließ dich sodann erleuchten
Sodass du nun die Worte stelzt
Nur noch in Reimen dir gefällst

LISA

So ist es, schau doch auf dich selbst
Eh du mich jetzt so kritisierst
Und du dich im Gespött verlierst
Du stelzt doch selber nur herum
Am besten bleibst du lieber stumm
Du solltest wirklich besser schweigen

RALF

Zu schweigen ist mir nicht zueigen
Ich würde es dir gerne zeigen
Nur hab ich es noch nie vermocht

LISA

Du scheinst mir wie ein Kerzendocht

Der, in die Kerze eingeloct
Langsam an sich runterbrennt
Und der dabei die Zeit verkennt
Die ihm im Ganzen noch verbleibt
Weil er sich ganz dabei zerreibt

RALF
Warum bist du jetzt so giftig

LISA
Der Grund dafür scheint mir sehr triftig
Sagtest du nicht eben grade
Ich sei als Frau für dich zu schade

RALF
Ich schwöre dir, das sagt ich nie
Du brichst hier etwas übers Knie

LISA
Sprachst du nicht von einer Falle
Und meintest du nicht, dass wir alle
Also auch ich und die Partei
Davon zutiefst betroffen sei

RALF
Das stimmt, so etwas sagte ich
Und so leicht vergisst es sich
Bitte behalte es für dich
Bitte, bitte und versprich
Dass du es niemand sonst erzählst

LISA
Ich sehe ja, wie du dich quälst
Das Versprechen will ich geben
Du kannst jedoch etwas erleben
Wenn du mir nicht sofort berichtest
Und dábei bitte nichts erdichtest

Worin die Falle denn besteht
Hat dich gar auch ein Hauch umweht
Der dir die Sprache so verdreht
Dass du nicht ungekünstelt sprichst
Und nichts als Verse in sie flichst
Sag mir, ich fühl mich schon ganz matt
Wie es sich zugetragen hat

RALF
Nun denn, wenn du darauf bestehst ...

LISA
... Und wenn du dabei in dich gehst ...

RALF
... Dann will ich deinen Wunsch erfüllen
Und deine Wissbegierde stillen
Es war kein Hauch, der mich umwehte
Und mir wie dir den Kopf verdrehte
Es geht auch nicht um Docht und Kerzen
Das könnte ich ja noch verschmerzen
Ein Docht ist schließlich fest umwoben
Und zwar von unten bis ganz oben
Von einem Stoff, der sich verflüchtet
Von Bienen vorher sanft gezüchtet ...

LISA
unterbricht ihn

... Werd mir jetzt nur nicht zu poetisch
Die Verse sind schließlich kein Fetisch
Du scheinst mir eher auszuweichen
Doch damit wirst du nichts erreichen
Zur Sache, Schätzchen, worum geht es
Mich interessiert nur eins: wie steht es
Was hat es auf sich mit der Falle

RALF
Du kommst mir vor wie eine Kralle
Die nicht loslässt von der Beute
Als gäb's kein Morgen, nur noch Heute

LISA
Weil du die Wahrheit nur umschleichst
Und du das Bienenwachs aufweichst
Bis dein Docht kläglich übrigbleibt

RALF
Nun gut, ich bin jetzt neu beweibt

LISA
zunächst fassungslos,
dann eher erleichtert aufatmend

RALF
Es ist heraus, ich wollte zögern
Wollte dich erst langsam ködern
Doch du wolltest es ja so
Am Ende bist du sogar froh

LISA
Froh, nein froh, das bin ich nicht
Jedoch aus subjektiver Sicht
Ist es mir – nun – zwar nicht recht
Doch finde ich es nicht nur schlecht
Vielleicht ist es sogar die Wende
Denn unsre Ehe scheint am Ende
Unser Streit, spricht er nicht Bände
verzieht eine Miene

RALF
Die Miene, die du oft verziehst
Hat mir die Ehe sehr vermiest

LISA
Es scheint mir, dass du das genießt
Trotzdem würde ich gern wissen
Kam es schon zwischen euch zu Küssen
Lagt ihr gar schon in den Kissen

RALF
Aber nein, wo denkst du hin
Du weißt doch, dass ich zaghaft bin

LISA
Wie kam es überhaupt dazu
Das lässt mir jetzt doch keine Ruh
Wurdest du vom Blitz getroffen
Oder warst du nur besoffen
Und dann für alle Frauen offen

RALF
Lisa, nein, wie redest du
Höre mir doch erstmal zu
Es war kein Blitz, eher ein Stich
Unvorbereitet traf er mich
Verursachte mir großen Schmerz

LISA
Schmerz reimt sich ja dann wohl auf Herz

RALF
So war es, Lisa, ungelogen
Ich hab die Wahrheit nicht verbogen

LISA
Dich hat der Stich auch nicht getrogen
Kam er vom großen Demagogen

AMOR
räuspert sich hinter dem Sofa,
nur für das Publikum vernehmbar

RALF
Wen meinst du, Lisa

LISA
                    Ach, vergiss es
Ich denke nur an was Gewisses
An eine Macht, die uns verführt
Der unbedingt Respekt gebührt

RALF
Ja, sówas habe ich verspürt

LISA
Wie heißt denn deine neue Frau

RALF
Ob ich mich das zu sagen trau

LISA
Na, na, das ist ja wirklich mau
Was antwortest du nur so lau
Scheint so, als wär's der Supergau

RALF
Ich fürchte, du erahnst es schon
Das höre ich an deinem Ton

LISA
Weich mir nicht aus, raus mit der Sprache

RALF
Du nimmst bestimmt gleich an mir Rache

LISA

Was hast du für ein Hasenherz
Ich dachte mal, es wär aus Erz

RALF

Ach, Lisa, sei nicht so gemein
Lass bitte dieses Fragen sein
Es bereitet mir nur Pein

LISA

Wieso, das sehe ich nicht ein
Wer ist es denn wohl von uns Zwein
Der zuerst die Ehe brach
Sodass es in mein Herz mich stach
Ich hab ein Recht darauf zu wissen ...

RALF
unterbricht sie

...Ich will die weiße Flagge hissen
Wenn du's erfährst, wirst du mich würgen
Und ich hätte keinen Bürgen

LISA

Wer weiß, wieso ich es erahnte
Wieso mir schon der Name schwante
Solange du dich mit ihm plagtest
Und ihn nicht auszusprechen wagtest
Sie heißt Ali-ce, hab ich Recht

RALF
erschüttert

Du bist die Herrin, ich dein Knecht

LISA

Du winselst ja, bist du von Sinnen
Wie konntest du ihr Herz gewinnen

RALF

kommt langsam wieder zu sich

Das frage ich mich auch schon längst
Sie sieht in mir wohl einen Hengst
Der sie ans andre Ufer bringt

LISA

Dann wird sie aber schnell gelinkt
Sobald ihr in die Kissen sinkt

RALF

einsichtig

Dann hab ich schnell bei ihr vergeigt
Wer mir nur einen Ausweg zeigt
Dázu wär ich sehr geneigt
Damit ich mir die Pein erspare
Mích nicht vór ihr offenbare

LISA

Das wäre wirklich eine Klatsche
Ich helf dir aber aus der Patsche
Obwohl, du hast es nicht verdient

RALF

Die Politik, Lisa, die ist vermint
Als ihr mir mal im Traum erschient
Du und Alice, ihr Zwei gemeinsam
Da merkte ich plötzlich, wie einsam
Ich mich in der Partei befand

LISA

Das hatte ich auch schnell erkannt
Mir war's, als wärst du schnell verbannt
Verbannt aus unserm trauten Kreis

RALF

Das ist in Politik der Preis

LISA

Doch lass uns nicht dabei verweilen
Wir sollten uns lieber beeilen
Einen Weg herauszufinden
Das könnte uns dann neu verbinden

RALF

Du sprichst, als wüsstest du schon Rat

LISA

Ralf, den weiß ich in der Tat
Du musst mir ab jetzt nur vertrauen
Fest auf meine Einsicht bauen
Es ist zwar komisch, aber wahr
Das wird mir seit heut Morgen klar
Seit ich den Hauch im Nacken spürte
Der mir fast den Atem schnürte
Seitdem verfolgt mich die Idee

RALF
beunruhigt

Mir schwant da einiges, o weh

LISA

Sie wirkt in mir wie weicher Schnee
Der langsam aber sicher schmilzt
Und mich dabei, wenn du so willst
In sonderbare Bahnen lenkt

Ich merke, dass es in mir denkt
Als kriegte ich etwas geschenkt
Etwas, das man sich einfängt

RALF
Ehe ich noch weiter stolper
Spann mich nicht länger auf die Folter

LISA
Du solltest die Partei verlassen
Sie werden dich doch alle hassen
Wenn sie erfahren, wer es ist
Mit wem du jetzt zusammen bist

RALF
Daran hab ich auch gedacht
Das ist für mich schon ausgemacht
Bloß weiß ich nicht mit mir wohin
Wenn ich nirgendwo mehr bin
Ich bin Parteimensch, muss es sein
Sonst stünde ich auf einem Bein
Ohne Partei bin ich verloren
Da fliegt mir alles um die Ohren
Sie gibt mir Sicherheit, und wie
Das vergesse ich ihr nie

LISA
Das verstehe ich sehr gut
Fass du nur wieder neuen Mut
Spiel einfach ›Bäumchen wechsel dich‹

RALF
Doch welches Bäumchen wechselt sich

LISA
Ich merk, du siehst vor lauter Bäumen

Aus Angst nicht das, was sie umsäumen
Du siehst den Wald nicht, den sie bilden

RALF
Im Wald sind Bäume doch die wilden
Kennst du dich aus in den Gefilden

LISA
Nicht so wie du, doch ich weiß wohl
Ich wählte früher Helmut Kohl
Bevor ich dich dann kennenlernte
Und mich von der Partei entfernte
Doch jetzt rat ich uns beiden zu
Wir wechseln in die Ce De U

RALF
Mich trifft der Schlag, meinst du das ehrlich

LISA
Alles andre wär gefährlich
Die Linke kannst du gleich vergessen
Das wäre wohl auch sehr vermessen
Bestimmt hättst du sie gleich am Hals

RALF
Du meinst, es gäbe anderenfalls
Keinen Ausweg als den deinen
Sich mit den Rechten zu vereinen

LISA
Wenn du schlau bist, siehst du ein
Es kann für dich nicht anders sein
Auch für mich wär es gescheit
Sei du doch auch wie ich bereit
Nicht von d e n Rechten auszugehen
Sondern sie differenziert zu sehen
Sie sind nicht alle rechtsextrem

Sie so zu sehn, wäre bequem
Wir stärken ihre zahme Seite
Dann gehen die Extremen pleite
Die andern aber kehren heim
Lassen die Extremen sein
Und kehrn zur Ce De U zurück
Für alle wäre es das Glück

RALF
Du bist genial, ich bin dein Knecht
Alles von dir ist mir jetzt recht!

AMOR
erscheint hinter dem Sofa,
reibt sich wieder die Hände
und verlässt die Wohnung

Licht aus

V. AKT

Wieder auf dem Olymp, um 19h45 irdischer Zeit
Venus, Amor und Mars

VENUS
auf ihrem Thron, zu Amor

Berichte mir, mein lieber Sohn
Hier auf meinem hehren Thron
Was hat sich gestern zugetragen
Ich habe Fragen über Fragen
Fang doch bei den zwei Frauen an
Die andern kommen später dran

AMOR
Mammá, es lief fast wie geschmiert
Ich habe Christín nicht berührt
Nur eine Posse aufgeführt
Erst meinen Atem eingesogen
Um ihn danach, halb ungezogen
Auf ihrem Nacken auszuhauchen
Und sie darin einzutauchen
Ich musste sogar etwas fauchen
Und dazu viel Luft verbrauchen

VENUS
Ich weiß, du machst gern solche Mätzchen
Verhältst dich gerne wie ein Kätzchen
Doch putz dir erst einmal die Zähne
Und kämm dir auch mal deine Mähne

AMOR
Ach Mutter, siehst du, wie ich gähne
Spielst dú vielleicht jetzt die Hyäne

VENUS
Mein Junge, sträube dich nicht länger
Du bist schließlich kein Bauernfänger
Sondern einer Göttin Sohn

AMOR
Ach Gott, das hab ich jetzt davon

VENUS
Als solcher brauchst du frischen Atem

AMOR
Mammá, ich heiße doch nicht Hatem

VENUS
Wie kommst du denn jetzt bloß auf den

AMOR
Das reimte sich doch grad so schön

VENUS
Weißt du denn wer Hatem war

AMOR
Nein, das ist mir nicht so klar
Es ist halt Atem, nur mit H

VENUS
für sich

Ich dachte schon, mein Kind sei altklug
Doch scheint es wohl nur reiner Unfug
wieder zu ihm gewandt

Nun hopp, mein Süßer, putz die Zähne
Und ordne deine lange Mähne

AMOR
muss gähnen

Ach, ich beginne, das zu hassen
Kannst du es mir nicht erlassen

VENUS
Nein, du Strolch, sträub dich nicht mehr
Sonst hol ich wieder Vater her
*Mars erscheint erneut hinter dem Thron,
mit einem Knüppel*

Ich brauch ihn gar nicht erst zu holen

MARS
zu Amor

Jetzt gibt es gleich was auf die Sohlen
*will Amor packen, der ihm jedoch entwischt,
sich sofort die Zähne putzt und
sich danach brav die Haare kämmt;
Mars verschwindet wieder*

VENUS
So gefällst du mir, mein Süßer
Mein Mars ist nur ein Lückenbüßer
Wenn ich ihn brauche, ist er da

AMOR
Mir kommt er immer viel zu nah

VENUS
Er kommt zwar gerne schnell auf Touren
Und hinterlässt gern tiefe Spuren

Doch heute ist ja nichts passiert
Denn mein Amor hat pariert
Nun fahre fort mit dem Bericht
Vertrau ihn mir aus deiner Sicht

AMOR
Nun gut, wo war ich stehn geblieben
überlegt

Ach ja, ich glaub, es war halbsieben
Da haben beide es getrieben
Alíce hat die Christín geküsst
Als ob Alice vergehen müsst
Dürfen Frauen sich so küssen

VENUS
Wieso denn nicht, wenn sie es müssen
Sie sind ein Paar, die dürfen das
Ich merke jetzt, dass ich vergaß
Dich früher richtig aufzuklären

AMOR
Du bindest mir jetzt einen Bären ...

VENUS
unterbricht ihn

... Du darfst die Liebe nicht verklären

AMOR
Lieben Frauen denn nicht Männer

VENUS
Du bist noch nicht ein wahrer Kenner

AMOR
Bring es mal auf einen Nenner

VENUS

Mein Kind, die Liebe, die ist frei
Es ist vollkommen einerlei
Welches Geschlecht zum Zuge kommt
Und welches wem gerade frommt

AMOR

Jetzt versteh ich gar nichts mehr
Heißt das, man kann jetzt kreuz und quer ...

VENUS

... Ja, man nennt das heute queer
Geschlechter gibt es, mehr als vier
Jedem Tierchen sein Pläsier

AMOR

Jeder macht's nach seinem Bier

VENUS

Ja, jeder folgt seiner Manier
Hauptsache ist, dass du begehrst
Dich nach dem anderen verzehrst
So hat Alice Christín begehrt

AMOR

Doch die Christín hat sich gewehrt
Sie ahnte schon durch meinen Hauch
Fühlte es in ihrem Bauch
Dass Alice ihr untreu war
Alles schien ihr bereits klar

VENUS

Ging es trotzdem noch gut aus

AMOR

Ja, ich verließ danach das Haus
Dein schöner Plan ging bestens auf

Alice nimmt jetzt auch gern in kauf
In die Ce De U zu treten
Nun hilft es wohl, nur noch zu beten
Dass die sich großzügig verhält
Und die beiden nicht verprellt

VENUS
Da müssen wir noch tätig werden
Denn vielleicht gibt es Beschwerden
Doch erstmal gebührt dir der Lohn
Das hast du toll gemacht, mein Sohn
Sprich nur noch von den andern beiden
Können die sich wieder leiden
Konntest du auch sie bekehren
Oder wenigstens belehren

AMOR
Da hatte ich nicht leichtes Spiel
Denn Lisa gab nicht eben viel
Auf ihren Ralf, sie war sehr spröde
Ich spürte da die ganze Öde
Einer Beziehung ohne Neigung
Ohne große Gunstbezeigung

VENUS
Die Ehe war bereits am Ende
Schafftest du denn noch die Wende

AMOR
Ich ging dort ganz genauso vor
Sodass ich keine Zeit verlor
Und Lisa hinterrücks behauchte
Sie in meinen Atem tauchte
Der Ralf war ihr sehr unterlegen
Ließ sich jedoch zum Schluss bewegen
Wie schon die Alice zuvor

VENUS

Wie gut, dass ich dich auserkor
Die beiden Paare zu bekneten
Und ihre Wohnung zu betreten
Um deine Künste anzuwenden
Du konntest deinen Atem spenden
So wird alles noch gut enden
Als nächstes nun, du süßer Hatem
Gib der Ali-ce deinen Atem
Ich werde dich zu ihr begleiten
Du sollst ihr dann das Bett bereiten
Sie trifft sich gleich in ihrer Wohnung
Mit Lisas Ralf, und ihr zur Schonung
Und, wie ich finde, zur Belohnung
Soll ihre Liebe sich entfalten
Ohne sich gleich zu erkalten

AMOR

Politisch sind sie nicht gespalten
Síe wird sich wie Christín verhalten
Und Rálf gemäß der Lisa walten

VENUS

Sie sind ab jetzt Christdemokraten
Und wir beide ihre Paten

AMOR

O, ich rieche schon den Braten
Bin voller Drang zu frischen Taten
fliegen beide zu Alices Wohnung

Szenenwechsel

IN ALICES WOHNUNG

Gegen 20 Uhr
Alice, Ralf, Amor und Venus

*Alice und Ralf sitzen auf dem Bettrand
und küssen sich; Amor und Venus stehen
unsichtbar hinterm Kopfende*

ALICE
Endlich kann ich dich umarmen
Muss um uns beide nicht mehr barmen
Sag, kamst du unerkannt zu mir
Oder folgten Leute dir

RALF
Nein, du Liebe, alles gut
Ich war ständig auf der Hut
Hab auf dem Weg niemand entdeckt
Niemand hat den Hals gereckt
Die Fenster blieben alle zu

ALICE
So haben wir jetzt unsre Ruh
*Amor haucht sie von hinten an;
Alice fasst sich an den Hals*

Ich fühl im Nacken so ein Wehn
Mich zwingt's, dir etwas zu gestehn
Hoffentlich bist du nicht empört
Oder gar davon verstört

RALF
So sag es, lass es mich nur hören
Was du sagst, wird mich betören

ALICE
Ich wechselte schon die Partei

RALF
Na und, da ist doch nichts dabei
Ich tat es offenbar wie du

ALICE
Und in welche, sag's, nur zu

RALF
Es blieb nur eine...

ALICE
fällt ihm ins Wort

        ... die mit U

RALF
Ja freilich, was dachtest denn du
umarmen sich innig

ALICE
Ich dachte, du beliebst zu scherzen
Mir fällt ja so ein Stein vom Herzen
legen sich aufs Bett

AMOR
Mammá, was soll ich denn jetzt tun
Ich bin doch noch ein blindes Huhn

VENUS
Mein Kind, lass es auf sich beruhn

Wir gehen jetzt mit unsern Schuhn
Ganz leise dort zu jener Wand
Und schauen ihnen ganz gebannt
Dabei zu, was sie so machen
Du merkst dir dann die sieben Sachen
Die man dabei beherrschen muss

AMOR
Sówas bereitet mir Verdruss

VENUS
Ach, Amor, gib mir einen Kuss
er ziert sich

Erweise dich als Sohn der Venus
Und sieh das Ganze mit Genuss
Irgendwánn musst du da durch
Sonst bleibst du stets ein armer Lurch

AMOR
Mammá, sie ziehn sich grade aus

VENUS
Am besten machst du dir nichts draus
Das ist normal beim Liebesakt
Da sind die Liebenden gern nackt

AMOR
Ist das bei Christen nicht verpönt

VENUS
Beim Lieben sind sie das gewöhnt
Denn angezogen geht es schlecht
Da wüsste Ralf dann nicht so recht
Wie ér sich Alice nähern sollte
Ohne dass Alice ihm schmollte

AMOR
O Mámma, was geschieht denn jetzt

VENUS
Na ja, mein Sohn, zu guter Letzt
Liegt der Mann gewöhnlich oben
So sind beide gut verwoben

AMOR
O, jetzt beginnt der Ralf zu toben
Da wird gewalkt und wird geschoben
Das ist ja wie im Schweinekoben

VENUS
Bei allem, was die Liebe band
Sind Mensch und Tier sich sehr verwandt

AMOR
Jetzt scheinen beide ganz entbrannt
Mammá, wonach ist das benannt
Ist diese Stellung nicht bekannt

VENUS
Nun gut, zu meines Sohns Erhellung
Man nennt sie Missonárs-Stellung

AMOR
Heißt das, Ralf missioniert Ali-ce

VENUS
Mein Sohn, frag nicht so viel, genieße

AMOR
Ich finde, das sieht komisch aus
Für mich ist das doch nur ein Graus

VENUS
Jetzt weißt du wenigstens, wie's geht
Und wie's um die Geschlechter steht

AMOR
Ich weiß jetzt, wo der Wind herweht
Doch bleib ich lieber hier bei dir
Du bist mein liebes Muttertier

VENUS
Das freut mich zwar, mein liebes Kind
Du das Kälbchen, ich das Rind
Doch als schon fast gereifter Knabe
Musst du langsam jener Wabe
Der Geborgenheit entweichen
Und die Männlichkeit erreichen

AMOR
Ja, ja, da bleibt noch Zeit genug
Das regelt sich schon Zug um Zug
konzentriert sich wieder aufs Bettgeschehen

Doch, Mutter, sieh, der Ralf hört auf
Er ist schon nicht mehr auf ihr drauf
Ist die Mission denn schon beendet
Schau nur, wie das Blatt sich wendet
Sie scheinen beide gar nicht froh

VENUS
Ja, mein Kind, oft ist es so
Meist regiert danach nur sie
Die ewige Melancholie

AMOR
Lohnt denn der Aufwand für die Sache
Wenn ich mich melancholisch mache

VENUS
Das kann man sich tatsächlich fragen
Doch werde ich dir später sagen
Dass es sich trotzdem lohnen kann
Die Frage ist nur wirklich, wann

AMOR
Können sich denn diese beiden
Nach dem kurzen Akt noch leiden

VENUS
Das lässt sich jetzt noch nicht entscheiden
Doch wir müssen es vermeiden
Und die Dinge wieder richten
Das gehört zu unsren Pflichten
sie schaut zum Bett

Schau, sie ziehn sich wieder an
Jetzt ist mein Söhnchen wieder dran
Komm doch, nach schon bewährtem Brauch
Du erneut mit deinem Hauch
Mit frischem Atem aufgetischt
Werden die Karten neu gemischt
Von meinem Amor angehaucht
In seinen Atem eingetaucht
Verfliegt ihre Melancholie

AMOR
Ach, Mammá, man weiß ja nie
Ob mein zarter Hauch genügt
Doch wenn es sich genauso fügt
Wie bisher, dann stehn sie auf
Und haben wieder guten Lauf
haucht wieder beiden in den Nacken

RALF
*greift sich an den Hals und
bekommt umgehend einen seligen Ausdruck*

Alice, wie war es doch beglückend

ALICE
*fasst sich ebenfalls an den Hals
und bekommt gleichfalls einen seligen Ausdruck*

Auch ich fand es mit dir entzückend

RALF
fällt vor ihr auf die Knie

Alice, hältst du es für verfrüht
Oder von mir zu stark bemüht
Wenn ich unsern Bund gestalte
Und gleich um deine Hand anhalte

ALICE
Du Lieber, nein natürlich nicht
Wenn aus dir die Liebe spricht
Ich schaue dich so gerne an
Und fühl es wohl: Du bist mein Mann

RALF
Ich meinerseits spüre genau
Ja, du bist meine neue Frau
Wir beiden sind nun ganz und gar
Ein einträchtiges Ehepaar

ALICE
Und ích bin dir mit Haut und Haar
Auch mit dem Herzen, ja, fürwahr
Verschrieben, das gelobe ich

RALF
Auch ich, Alice, verschreibe mich
Und sage laut: Ich liebe dich

AMOR
Jetzt haben also beide sich
Verschrieben, und das ewiglich

VENUS
So ist es, nur fehlt eines noch
Ich nenne es das Ehejoch
Sie müssen noch aufs Standesamt

AMOR
Sind beide denn dazu verdammt

VENUS
Nein, das wäre übertrieben
Doch wenn sich beide wirklich lieben
Sollten sie das gesetzlich schützen
So etwas kann ihnen nur nützen
Ich will sie darin unterstützen
macht eine einladende Geste
in Richtung der beiden

ALICE
Hieltest du es für verwegen
Oder hättst du was dagegen
Wenn du und ich die Knie beugen
Und es vorm Standesamt bezeugen

RALF
Nein, nein, da geh ich gern drauf ein
Am Ende muss es doch so sein
Dass sich das Standesamt betätigt
Und unsern Bund amtlich bestätigt

ALICE
Unsere Ehe sei besiegelt
Und jede Ausflucht uns verrriegelt
umarmen sich lang;
währenddessen

AMOR
Was ist mit Lisa und Christín

VENUS
Denen wird etwas verliehn
Da sie sich in ihr Schicksal fügen
Obwohl wir sie ja sehr betrügen
Wir nehmen, was sie so begehrten
Ihnen beiden die Gefährten

AMOR
Na ja, bei Christín stimmt das so
Doch Lisa ist wohl eher froh
Dass ihr durch deine große List
Der Ehemann genommen ist

VENUS
Als Trauzeugen könnten sie dienen
So wie sie mir zuletzt erschienen
Sollte Zorn in ihnen glimmen
Könnte sie das sanfter stimmen
Zudem gebührt ihnen der Ruhm
Alice und Ralf zum Christentum
Zur Ce De U bekehrt zu haben
Mein Amor, du mit deinen Gaben
Kannst dich mit Recht auch daran laben
Du hast es schließlich eingeleitet
Mit deinem Hauch es vorbereitet
Doch wir beide müssen nun
Auch noch die letzten Schritte tun
Morgen soll schon die Hochzeit sein

Das heißt, du musst noch heute rein
Ins Standesamt, es ist noch offen
Was ist, du guckst ja ganz betroffen

AMOR
Muss ich denn unbedingt da mit

VENUS
Ja, das ist der letzte Schritt
Danach dann können wir pausieren
Uns wieder im Olymp verlieren
Alle Viere von uns strecken
An Nektar und Ambrosia lecken
Und uns nach Belieben necken
Doch du fliegst am besten gleich
Nicht fern in unser Himmelreich
Sondern ins Standesamt hinein
Ich treffe später bei dir ein
Wir beide spielen nämlich morgen
Indem wir uns die Kleider borgen
Ich die Beamtin, du den Boten
Wasch noch vorher deine Pfoten
Ich leite die Zeremonie
Und du, mein Lieb, begleitest sie
Du hältst das Buch, in das die beiden
Wenn sie es denn beide leiden
Ihren werten Namen schreiben
Damit sie beieinander bleiben
Du bist der gute Geist von allen
Das wird, das muss allen gefallen

Szenenwechsel

AUF DEM STANDESAMT

Am nächsten Tag
Alice, Ralf, Christín, Lisa, Amor, Venus und Mars

VENUS
als Standesbeamtin verkleidet

Guten Morgen, werte Leute
Sie wissen alle, dass wir heute
Zwei Menschen hier vereinen sollen
Die sich große Achtung zollen
Es würde beide sehr verdrießen
Wenn sie ihren Bund beschließen
Ohne den verdienten Segen
Von uns, d.h. von Amtes wegen
Dem kommen wir sehr gern entgegen
Ob sie den Segen auch bereits
Von dort (*zeigt nach oben*), d.h. kirchlicherseits
Erbeten haben, weiß ich nicht
Es wäre auch nicht ihre Pflicht
Praktischer ist es insgesamt
Sie kriegen ihn vom Standesamt
Allerdings soll dies nicht heißen
Dass wir was durcheinander schmeißen
Die Kirche spielt den größeren Part
Der Part des Staates ist bloß smart
Nur diesen wollen wir erfüllen
Und dabei seinen Sinn enthüllen
Bevor ich dazu übergehe
Und mich als Sinngeber verstehe
Möchte ich die beiden bitten
Gemäß den hier vertrauten Sitten

Sich dort vorne zu platzieren
In der Nähe der zwei Türen
weist auf die beiden vor ihr stehenden Stühle;
Alice und Ralf setzen sich, wie vorgesehen

CHRISTÍN UND LISA
Und wo dürfen wír Zwei sitzen

AMOR
als Bote verkleidet

Am besten dort, zwischen den Ritzen
weist auf die Ritzen
zwischen den Stühlen von Alice und Ralf

VENUS
Sei er nicht so vorlaut, Bote
Sonst kriegt er gleich von mir die rote
hält die rote Karte hoch und droht ihm damit

MARS
taucht, nur für Venus und Amor sichtbar, hinter ihr auf; wieder
mit Keule, doch ohne schon Amor zu drohen

VENUS
zu Lisa und Christín gewandt

Hörn Sie nicht auf seine Finten
Am besten sitzen Sie dahinten
weist ihnen die Plätze hinter den Eheleuten zu;
sie setzen sich, wie angegeben,
hinter Alice und Ralf

Ich will die Prozedur verkürzen
Um sie danach mit Sinn zu würzen
Deshalb jetzt, an Sie gerichtet
Meine Frage, stark verdichtet

richtet sie zuerst an Ralf

Wolln Sie, Ralf, Alice zur Frau
So antworten Sie mir genau
Mit einem Wörtchen, einem ›Ja‹
Es ist für diesen Vorgang da

RALF
sagt laut und vernehmlich

Ja

VENUS
nun an Alice gerichtet

Die Frage ist ja immer, wann
Doch wolln Sie *jetzt* den Ralf zum Mann
So sagen Sie vernehmlich ›Ja‹

ALICE
Ja, ich bin immer für ihn da

AMOR
schaut in sein Buch

Im Buch steht unter dem Wort ›müssen‹
Das Ehepaar muss sich jetzt küssen

VENUS
bedeutet Mars, als Drohung für Amor
die Keule hochzuhalten

MARS
hebt seine Keule in Richtung Amor, der den Wink versteht

RALF UND ALICE
küssen sich

VENUS

Genug, wir haben nun gesehen
Dass sie sich beide gut verstehen
Als Amtsherrin wär ich erfreut
Wenn sie beide, nun zu Zweit
Erst einmal für lange Zeit
Zusammen sind, dazu bereit
Auch in Not sich nicht zu trennen
Und voreinander wegzurennen

AMOR

Mein Vater kommt sonst mit der Keule
Da setzt es sicher manche Beule
Mich trifft er oft so, dass ich heule

VENUS
unterbricht ihn

Vor dem Gesetz und vor dem ...

Amor
*wird von Mars kurz geschlagen
und schreit dazwischen*

... Au ...

VENUS
... Erklär ich Sie zu Mann und Frau
*Ralf und Alice erheben sich;
Venus zu den übrigen*

Ein letzter Akt noch für die beiden
Sie müssen sich ins Buch einschreiben
*sie führt sie zu Amor, der das Buch bereithält;
Alice und Ralf tragen sich ein und
setzen sich wieder auf ihre Plätze*

Das Amt dankt Ihnen für den Akt
Und für den ihm erwiesenen Takt
Damit Sie nun den Punkt verstehen
Um den sich diese Akte drehen
Darf ich jetzt dazu übergehen
Dem Ganzen jenen Sinn zu geben
Auf den sich unser ganzes Streben
Ja sogar unser ganzes Leben
Wie in geheimnisvollem Weben
Beziehen sollte, wenn es könnte
Wenn es jedem das vergönnte
Die Liebe zwischen zwei Extremen
Gehört inzwischen zu den Themen
Von politisch erstem Rang
Weil es uns noch nicht gelang
Sie gegenseitig zu tarieren
Und sie auszubalancieren
zu den Eheleuten gewandt

Als Eheleute frisch gebacken
Brechen Sie sich keinen Zacken
Aus der Krone, denn vom Nacken
Bis zu Ihrer beider Backen
Muss es allererst mal sacken
Dass Sie Zwei, vom Schalk getrieben
Sich einander so sehr lieben
Der Punkt, den ich bisher vergaß
Ist: Ihre Liebe sei das Maß
An dem politisch sich der Hass
So mäßigt, dass er nicht mehr krass
Sondern politisch eher blass
Die Fronten zwischen uns auftaut
Und einen neuen Bund aufbaut
Seit je soll Liebe zwischen Feinden
Die Feinde wieder eingemeinden
Indem sie, statt sich zu verteufeln
Lieber Maß für Maß aufhäufeln

Und Milde in die Ohren träufeln
So kann das große Werk gelingen
Dem wir sehr gerne Opfer bringen
Statt dass uns blanker Hass beseelt
Weil uns die Courage fehlt
Einen Neustart zu beginnen
Und auf Abhilfe zu sinnen
Lassen wir keine Zeit verrinnen
Sanftmut senke sich ins Herz
Als wäre es ein ernster Scherz
Sie sei das eigentliche Erz
Das uns zur Mäßigung bewegt
Die Milde in uns offenlegt
Und die Barmherzigkeit erregt
alle applaudieren der Venus;
sie verbeugt sich und beendet die Zeremonie

Licht aus

Szenenwechsel

SCHLUSSSZENE

Venus, Mars und Amor

VENUS
Auf zum Olymp, Ihr lieben Beiden
Lasst uns von der Erde scheiden
Sie scheint nun wieder mehr im Lot
Der Ralf, er sieht jetzt nicht mehr rot
Isst mit Alice das gleiche Brot
Die Zwei sitzen im selben Boot
Und sie sieht jetzt gern Schwarz statt Braun
Den beiden dürfen wir jetzt traun
Auf beide eine Zukunft baun.
Heben zu dritt ab

F i n i s
sbg